읽으면서 바로 써먹는

어린이속담
따라쓰기

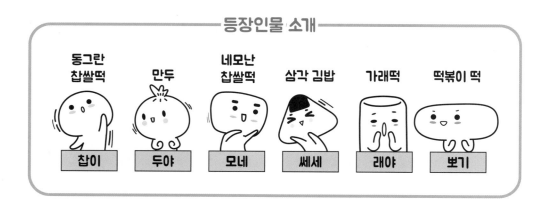

읽으면서 바로 써먹는

어린이 속담 따라쓰기

글·그림 한날

파란정원

차례

ㄱ

ㄴ ㄷ

ㅁ ㅂ

첫 번째 비법!
재미있게 속담에 익숙해지기!

비법서

두 번째 비법!
또박또박 따라 쓰기!

01

가는 날이 장날

일을 보러 가니 우연히 장이 서는 날이라는 뜻으로, 어떤 일을 하려는데 뜻하지 않게 좋은 일(나쁜 일)을 당함을 비유적으로 이르는 말이에요. '장날'은 장이 서는 날로, 오일장은 닷새(5일) 만에 서는 장을 말해요.

그리고 속담을
써먹는 상황을 핵심만 보여 주어
어떻게 써먹는지 알려 주지.

이 책에는
국어사전 속 뜻이
그대로 담겨 있어서
의미를 정확하게 알 수 있어.

찹이의 말공부

날짜를 셀 때는 하루(1일) – 이틀(2일) – 사흘(3일) – 나흘(4일) – 엿새(6일) – 이레(7일) – 여드레(8일) – 아

말공부도
잊지 말고 읽으라고.

오오오!

여기서
끝이 아니야!

01

가는 날이 장날

일을 보러 가니 우연히 장이 서는 날이라는 뜻으로, 어떤 일을 하려는데 뜻하지 않게 좋은 일(나쁜 일)을 당함을 비유적으로 이르는 말이에요. '장날'은 장이 서는 날로, 오일장은 닷새(5일) 만에 서는 장을 말해요.

 **찹이의 말공부**

날짜를 셀 때는 **하루**(1일) – **이틀**(2일) – **사흘**(3일) – **나흘**(4일) – **닷새**(5일)
– **엿새**(6일) – **이레**(7일) – **여드레**(8일) – **아흐레**(9일) – **열흘**(10일)

가	는		날	이		장	날	.	
가	는		날	이		장	날	.	

가는 날이 장날.

02

가는 말이 고와야 오는 말이 곱다

자기가 남에게 말이나 행동을 좋게 하여야 남도 자기에게 좋게 한다는 말이에요. 여기서 '곱다'는 모양, 생김새, 행동 등이 산뜻하고 아름답다는 뜻이에요.

비슷한 속담은 '가는 떡이 커야 오는 떡이 크다', '가는 정이 있어야 오는 정이 있다'가 있어.

가	는		말	이		고	와	야	
오	는		말	이		곱	다	.	
가	는		말	이		고	와	야	
오	는		말	이		곱	다	.	

가는 말이 고와야 오는 말이 곱다.

 난 이렇게 써먹을 거야!

03 가랑비에 옷 젖는 줄 모른다

가늘게 내리는 비는 조금씩 젖어 들기 때문에 좀처럼 옷이 젖는 걸 깨닫지 못한다는 뜻으로, 아무리 사소한 것이라도 그것이 거듭되면 무시하지 못할 정도로 크게 됨을 비유적으로 이르는 말이에요.

📚 찹이의 말공부

이슬비 아주 가늘게 내리는 비 **장대비** 굵고 거세게 좍좍 내리는 비
여우비 볕이 나 있는 날 잠깐 오다가 그치는 비

| 가 | 랑 | 비 | 에 | | 옷 | | 젖 | 는 | |
| 줄 | | 모 | 른 | 다 | . | | | | |

| 가 | 랑 | 비 | 에 | | 옷 | | 젖 | 는 | |
| 줄 | | 모 | 른 | 다 | . | | | | |

| | | | | | | | | | |
| | | | | | | | | | |

가랑비에 옷 젖는 줄 모른다.

 난 이렇게 써먹을 거야!

19

04

가재는 게 편

모양이나 상황이 서로 비슷하고 인연이 있는 것끼리 서로 잘 어울리고, 사정을 보아주며 감싸 주기 쉬움을 비유적으로 이르는 말이에요. 여기서 '사정'은 일의 형편이나 까닭을 말해요.

| 가 | 재 | 는 | | 게 | | 편 | . | | | |

| 가 | 재 | 는 | | 게 | | 편 | . | | | |

가재는 게 편.

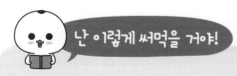 난 이렇게 써먹을 거야!

05

가지 많은 나무에 바람 잘 날 없다

가지가 많고 잎이 무성한 나무는 살랑거리는 바람에도 잎이 흔들려서 잠시도 조용한 날이 없다는 뜻으로, 자식을 많이 둔 어버이에게는 근심, 걱정이 끊일 날이 없다는 말이에요.

찹이의 말공부

'잘'은 바람이나 물결 따위가 잠잠해지다라는 뜻의 '자다'에 '-ㄹ'이 붙은 말이야.
잠을 잔다는 뜻만 있는 줄 알았는데, 전혀 다른 뜻으로도 사용해.

가	지		많	은		나	무	에
바	람		잘		날		없	다.
가	지		많	은		나	무	에
바	람		잘		날		없	다.

가지 많은 나무에 바람 잘 날 없다.

 난 이렇게 써먹을 거야!

06

간에 붙었다 쓸개에 붙었다 한다

자기에게 조금이라도 이익이 되면 지조 없이 이편에 붙었다 저편에 붙었다 한다는 말이에요. '지조'는 원칙과 신념을 굽히지 아니하고 끝까지 지키는 꿋꿋한 의지예요.

간	에		붙	었	다		쓸	개	에
붙	었	다		한	다	.			

간	에		붙	었	다		쓸	개	에
붙	었	다		한	다	.			

간에 붙었다 쓸개에 붙었다 한다.

 난 이렇게 써먹을 거야!

07

같은 값이면 다홍치마

값이 같거나 같은 노력을 한다면 품질이 좋은 것을 택한다는 말이에요.

| 같 | 은 | | 값 | 이 | 면 | | 다 | 홍 | 치 |
| 마 | . | | | | | | | | |

| 같 | 은 | | 값 | 이 | 면 | | 다 | 홍 | 치 |
| 마 | . | | | | | | | | |

| | | | | | | | | | |
| | | | | | | | | | |

같은 값이면 다홍치마.

 난 이렇게 써먹을 거야!

08

개구리 올챙이 적 생각 못 한다

형편이나 사정이 전에 비하여 나아진 사람이 지난날의 어렵던 때의 일을 생각지 아니하고 처음부터 잘난 듯이 뽐낸다는 말이에요.

 **찹이의 말공부**

동물의 새끼를 어떻게 부를까?

개 ➜ 강아지, 소 ➜ 송아지, 말 ➜ 망아지, 꿩 ➜ 꺼병이, 닭 ➜ 병아리, 물고기 ➜ 모이

개	구	리		올	챙	이		적	
생	각		못		한	다	.		
개	구	리		올	챙	이		적	
생	각		못		한	다	.		

개구리 올챙이 적 생각 못 한다.

 난 이렇게 써먹을 거야!

29

09

개똥도 약에 쓰려면 없다

평소에 흔하던 것도 막상 긴하게 쓰려고 구하면 없다는 말이에요. 여기서 '긴하게'는 꼭 필요하다, 매우 간절하다는 뜻을 가지고 있어요.

 찹이의 말공부

'개똥'은 개의 똥으로, 보잘것없거나 천하거나 엉터리인 것을 비유적으로 표현할 때 자주 사용해.

| 개 | 똥 | 도 | | | 약 | 에 | | 쓰 | 려 | 면 |
| 없 | 다 | . | | | | | | | | |

| 개 | 똥 | 도 | | | 약 | 에 | | 쓰 | 려 | 면 |
| 없 | 다 | . | | | | | | | | |

| | | | | | | | | | | |
| | | | | | | | | | | |

개똥도 약에 쓰려면 없다.

 난 이렇게 써먹을 거야!

10

고래 싸움에 새우 등 터진다

강한 자들끼리 싸우는 통에 아무 상관도 없는 약한 자가 중간에 끼어 피해를 입게 된다는 말이에요.

🔍 **찹이의 잠깐 상식**

고래는 폐로 숨을 쉬고, 새끼를 낳아 젖을 먹여 키우는 포유동물이야.
물속에 살며 뒷다리는 퇴화되었고, 앞다리는 지느러미 모양으로 바뀌었어.

고	래		싸	움	에		새	우	
등			터	진	다	.			

고	래		싸	움	에		새	우	
등			터	진	다	.			

고래 싸움에 새우 등 터진다.

 난 이렇게 써먹을 거야!

11

고생 끝에 낙이 온다

어려운 일이나 고된 일을 겪은 뒤에는 반드시 즐겁고 좋은 일이 생긴다는
말이에요. 여기서 '낙'은 즐거움이나 재미를 말해요.

찹이의 말공부

고생 ↔ 낙처럼 그 뜻이 서로 정반대되는 관계에 있는 말을
'반의어 또는 반대말'이라고 해.

고	생		끝	에		낙	이		온
다	.								

고	생		끝	에		낙	이		온
다	.								

고생 끝에 낙이 온다.

난 이렇게 써먹을 거야!

12

고양이 목에 방울 달기

실행하기 어려운 것을 공연히 의논함을 이르는 말이에요. '공연히'는 아무 까닭이나 실속이 없게라는 뜻이에요.

📖 찹이의 말공부

'공연히'와 뜻이 서로 비슷한 말인 유의어에는 '괜스레, 괜히, 맥없이' 등이 있어.

고양이 목에 방울 달기.

고양이 목에 방울 달기.

고양이 목에 방울 달기.

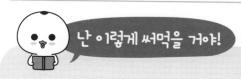 난 이렇게 써먹을 거야!

13

공든 탑이 무너지랴

공들여 쌓은 탑은 무너질 리 없다는 뜻으로, 힘을 다하고 정성을 다하여
한 일은 그 결과가 반드시 헛되지 않다는 말이에요.

 **참이의 말공부**

'-랴'는 어찌 그러할 것이냐고 반문하는 뜻을 나타낼 때 붙이는 말이야.

| 공 | 든 | | 탑 | 이 | | 무 | 너 | 지 | 랴 | . |

| 공 | 든 | | 탑 | 이 | | 무 | 너 | 지 | 랴 | . |

공든 탑이 무너지랴.

14

구슬이 서 말이라도 꿰어야 보배

아무리 훌륭하고 좋은 것이라도 다듬고 정리하여 쓸모 있게 만들어 놓아야 값어치가 있다는 말이에요. 여기서 '보배'는 아주 귀하고 소중한 물건을 말해요.

참이의 말공부

- **필** 말이나 소를 세는 단위
- **알** 작고 둥근 모양의 물건을 세는 단위
- **모** 두부나 묵을 세는 단위
- **벌** 옷을 세는 단위

구	슬	이		서		말	이	라	도
꿰	어	야		보	배	.			
구	슬	이		서		말	이	라	도
꿰	어	야		보	배	.			

구슬이 서 말이라도 꿰어야 보배.

 난 이렇게 써먹을 거야!

15

굼벵이도 구르는 재주가 있다

무능한 사람도 한 가지 재주는 있음을 비유적으로 이르는 말이에요.

참이의 잠깐 상식

굼벵이는 몸통이 굵고 다리가 짧아 움직임이 매우 느리다고 해.

굼	벵	이	도		구	르	는		재
주	가		있	다	.				

굼	벵	이	도		구	르	는		재
주	가		있	다	.				

굼벵이도 구르는 재주가 있다.

43

16

금강산도 식후경

아무리 재미있는 일이라도 배가 불러야 흥이 나지 배가 고파서는 아무 일
도 할 수 없음을 말해요.

찹이의 잠깐 상식

강원도에 있는 금강산은 백두산과 함께 우리나라 2대 명산이야.

| 금 | 강 | 산 | 도 | | 식 | 후 | 경 | . | |
| 금 | 강 | 산 | 도 | | 식 | 후 | 경 | . | |

금강산도 식후경.

난 이렇게 써먹을 거야!

17

까마귀 날자 배 떨어진다

아무 관계 없이 한 일이 공교롭게도 때가 같아 어떤 관계가 있는 것처럼 의심을 받게 된다는 말이에요.

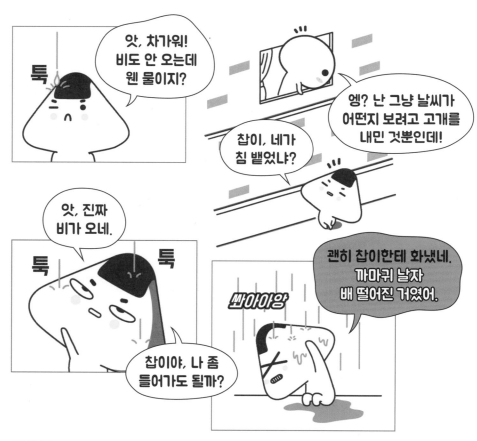

 **찹이의 말공부**

까마귀처럼 계절에 따라 자리를 옮기지 않고 한 지방에서만 사는 새를 **텃새**라고 해.
텃새 ↔ 철새

| 까 | 마 | 귀 | | 날 | 자 | | 배 | | 떨 |
| 어 | 진 | 다 | . | | | | | | |

| 까 | 마 | 귀 | | 날 | 자 | | 배 | | 떨 |
| 어 | 진 | 다 | . | | | | | | |

| | | | | | | | | | |
| | | | | | | | | | |

까마귀 날자 배 떨어진다.

 난 이렇게 써먹을 거야!

18

꿩 먹고 알 먹기

한 가지 일을 하여 두 가지 이상의 이익을 보게 된다는 말이에요.

비슷한 속담은 '굿 보고 떡 먹기'가 있어.

| 꿩 | | 먹 | 고 | | 알 | | 먹 | 기 | . |

| 꿩 | | 먹 | 고 | | 알 | | 먹 | 기 | . |

꿩 먹고 알 먹기.

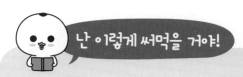

난 이렇게 써먹을 거야!

19

남의 손의 떡은 커 보인다

물건은 남의 것이 제 것보다 더 좋아 보이고, 일은 남의 일이 제 일보다 더 쉬워 보인다는 말이에요.

'욕심'은 분수에 넘치게 무엇을 탐내는 마음이야.

| 남 | 의 | | 손 | 의 | | 떡 | 은 | | 커 |
| 보 | 인 | 다 | . | | | | | | |

| 남 | 의 | | 손 | 의 | | 떡 | 은 | | 커 |
| 보 | 인 | 다 | . | | | | | | |

| | | | | | | | | | |
| | | | | | | | | | |

남의 손의 떡은 커 보인다.

난 이렇게 써먹을 거야!

20

남의 잔치에 감 놓아라 배 놓아라 한다

남의 일에 공연히 간섭하고 나선다는 말이에요. '잔치'는 기쁜 일이 있을 때에 음식을 차려 놓고 여러 사람이 모여 즐기는 일을 말해요.

남	의		잔	치	에		감		놓
아	라		배		놓	아	라		한
다	.								

남의 잔치에 감 놓아라 배 놓아라 한다.

55

21

낮 놓고 기역 자도 모른다

기역 자 모양으로 생긴 낫을 보면서도 기역 자를 모른다는 뜻으로, 아주 무식하다는 말이에요. '무식'은 배우지 않은 데다 보고 듣지 못하여 아는 것이 없다는 뜻이에요.

찹이의 말공부

'유식'은 학문이 있어 아는 것이 많다는 말이야.

무식 ↔ 유식.

| 낫 | | 놓 | 고 | | 기 | 역 | | 자 | 도 |
| 모 | 른 | 다 | . | | | | | | |

| 낫 | | 놓 | 고 | | 기 | 역 | | 자 | 도 |
| 모 | 른 | 다 | . | | | | | | |

| | | | | | | | | | |
| | | | | | | | | | |

낫 놓고 기역 자도 모른다.

 난 이렇게 써먹을 거야!

22

낮말은 새가 듣고 밤말은 쥐가 듣는다

아무도 안 듣는 데서도 말조심해야 한다는 뜻과 함께 아무리 비밀로 한 말이라도 반드시 남의 귀에 들어가게 된다는 말이에요.

'낮말'은 낮에 하는 말이고, '밤말'은 밤에 하는 말이야.

| 낮 | 말 | 은 | | 새 | 가 | | 듣 | 고 | |
| 밤 | 말 | 은 | | 쥐 | 가 | | 듣 | 는 | 다 | . |

| 낮 | 말 | 은 | | 새 | 가 | | 듣 | 고 | |
| 밤 | 말 | 은 | | 쥐 | 가 | | 듣 | 는 | 다 | . |

| | | | | | | | | | |
| | | | | | | | | | |

낮말은 새가 듣고 밤말은 쥐가 듣는다.

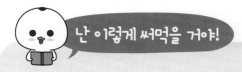

난 이렇게 써먹을 거야!

23

내 코가 석 자

내 사정이 급하고 어려워서 남을 돌볼 여유가 없다는 말이에요.

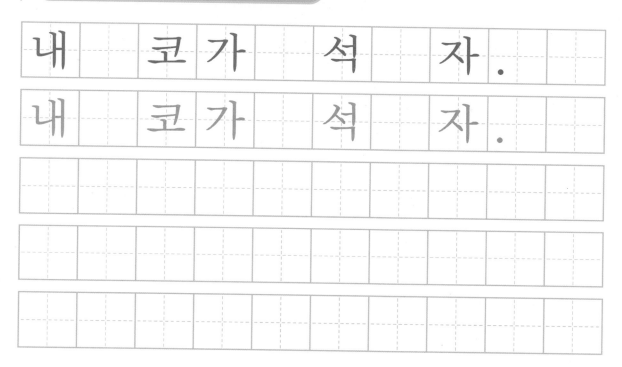

내		코가		석		자.		
내		코가		석		자.		

내 코가 석 자.

 난 이렇게 써먹을 거야!

24

누워서 침 뱉기

하늘을 향하여 침을 뱉어 보아야 자기 얼굴에 떨어진다는 뜻으로, 자기에게 해가 돌아올 짓을 한다는 말이에요.

 **참이의 말공부**

비슷한 속담은 '자기 얼굴에 침 뱉기', '하늘 보고 침 뱉기'가 있어.

| 누 | 워 | 서 | | 침 | | 뱉 | 기 | . | |

| 누 | 워 | 서 | | 침 | | 뱉 | 기 | . | |

누워서 침 뱉기.

난 이렇게 써먹을 거야!

다 된 죽에 코 빠졌다

거의 다 된 일을 망쳐 버리는 주책없는 행동을 말해요.

다		된		죽	에		코		빠
졌	다	.							

다		된		죽	에		코		빠
졌	다	.							

다 된 죽에 코 빠졌다.

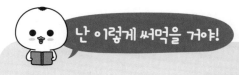

난 이렇게 써먹을 거야!

26

달도 차면 기운다

행운이 언제까지나 계속되는 것은 아니라는 뜻과 함께 한번 번성하면 다시 약해지기 마련이라는 말이에요.

달	도		차	면		기	운	다	.
달	도		차	면		기	운	다	.

달도 차면 기운다.

난 이렇게 써먹을 거야!

27

달면 삼키고 쓰면 뱉는다

옳고 그름이나 신의를 돌보지 않고 자기의 이익만 꾀한다는 말이에요. '꾀하다'는 어떤 일을 이루려고 뜻을 두거나 힘을 쓴다는 뜻이에요.

찹이의 말공부

'단 것'은 편안하고 좋은 것을, '쓴 것'은 고생스럽고 힘든 것을 비유한 말이야.

| 달 | 면 | | 삼 | 키 | 고 | | 쓰 | 면 | |
| 뱉 | 는 | 다 | . | | | | | | |

| 달 | 면 | | 삼 | 키 | 고 | | 쓰 | 면 |
| 뱉 | 는 | 다 | . | | | | | |

| | | | | | | | | | |
| | | | | | | | | | |

달면 삼키고 쓰면 뱉는다.

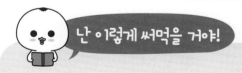 난 이렇게 써먹을 거야!

28

닭 잡아먹고 오리 발 내놓기

옳지 못한 일을 저질러 놓고 엉뚱한 수작으로 남을 속여 넘기려 하는 일을 말해요.

속으로는 엉큼한 마음을 숨기고 겉으로는 천연스럽게 행동하는 태도를 '능청'이라고 해.

닭		잡	아	먹	고		오	리
발		내	놓	기	.			

닭		잡	아	먹	고		오	리
발		내	놓	기	.			

닭 잡아먹고 오리 발 내놓기.

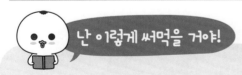

난 이렇게 써먹을 거야!

29

닭 쫓던 개 지붕 쳐다보듯

개에게 쫓기던 닭이 지붕으로 올라가자 개가 쫓아 올라가지 못하고 지붕만 쳐다본다는 뜻으로, 애써 하던 일이 실패로 돌아가거나 남보다 뒤떨어져 어찌할 도리가 없음을 말해요.

| 닭 | | 쫓던 | | 개 | | 지 | 붕 |
| 쳐 | 다 | 보 | 듯. | | | | |

| 닭 | | 쫓던 | | 개 | | 지 | 붕 |
| 쳐 | 다 | 보 | 듯. | | | | |

| | | | | | | | |
| | | | | | | | |

닭 쫓던 개 지붕 쳐다보듯.

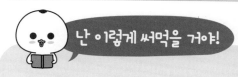 난 이렇게 써먹을 거야!

73

30

도둑이 제 발 저리다

지은 죄가 있으면 자연히 마음이 조마조마하여진다는 말이에요.

저리다 뼈마디나 몸의 일부가 오래 눌려서 피가 잘 통하지 못하여 감각이 둔하고 아리다.
절이다 푸성귀나 생선 따위를 소금이나 식초, 설탕 따위에 담가 간이 배어들게 하다.

| 도 | 둑 | 이 | | 제 | | 발 | | 저 | 리 |
| 다 | . | | | | | | | | |

| 도 | 둑 | 이 | | 제 | | 발 | | 저 | 리 |
| 다 | . | | | | | | | | |

| | | | | | | | | | |
| | | | | | | | | | |

도둑이 제 발 저리다.

난 이렇게 써먹을 거야!

31

돌다리도 두들겨 보고 건너라

잘 아는 일이라도 세심하게 주의를 하라는 말이에요.

참이의 말공부

비슷한 속담은 '아는 길도 물어 가랬다', '얕은 내도 깊게 건너라'가 있어.

돌	다	리	도		두	들	겨		보
고		건	너	라	.				

돌	다	리	도		두	들	겨		보
고		건	너	라	.				

돌다리도 두들겨 보고 건너라.

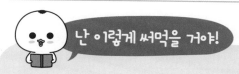

난 이렇게 써먹을 거야!

32

되로 주고 말로 받는다

조금 주고 그 대가로 몇 곱절이나 많이 받는 경우를 말해요.

🔍 **찹이의 잠깐 상식**

'되와 말'은 곡식, 액체, 가루 따위의 분량을 헤아리는 그릇이야.
'말'에는 열 되가 담긴다고 해.

| 되 | 로 | | 주 | 고 | | 말 | 로 | | 받 |
| 는 | 다. | | | | | | | | |

| 되 | 로 | | 주 | 고 | | 말 | 로 | | 받 |
| 는 | 다. | | | | | | | | |

| | | | | | | | | | |
| | | | | | | | | | |

되로 주고 말로 받는다.

 난 이렇게 써먹을 거야!

33 될성부른 나무는 떡잎부터 알아본다

잘될 사람은 어려서부터 남달리 장래성이 엿보인다는 말이에요. '될성부르다'는 잘될 가망이 있어 보인다는 뜻이에요.

 **찹이의 말공부**

'떡잎'은 씨앗에서 움이 트면서 최초로 나오는 잎을 말해.

될	성	부	른		나	무	는		떡
잎	부	터		알	아	본	다	.	
될	성	부	른		나	무	는		떡
잎	부	터		알	아	본	다	.	

될성부른 나무는 떡잎부터 알아본다.

난 이렇게 써먹을 거야!

34

등잔 밑이 어둡다

대상에서 가까이 있는 사람이 도리어 대상에 대하여 잘 알기 어렵다는 말이에요.

찹이의 말공부

'등잔'은 옛날 기름을 담아 등불을 켜는 데에 쓰던 그릇이야.

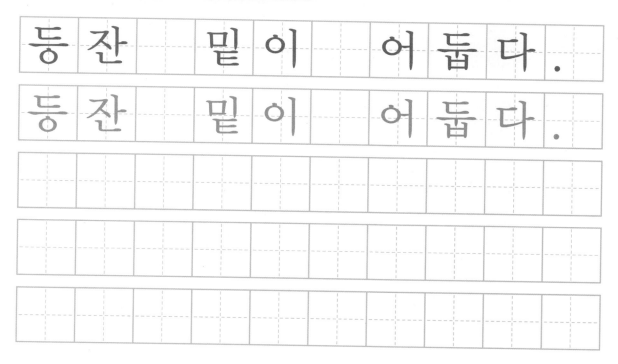

등	잔		밑	이		어	둡	다	.
등	잔		밑	이		어	둡	다	.

등잔 밑이 어둡다.

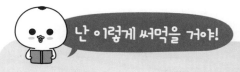 난 이렇게 써먹을 거야!

35

떡 줄 사람은 꿈도 안 꾸는데 김칫국부터 마신다

해 줄 사람은 생각지도 않는데 미리부터 다 된 일로 알고 행동한다는 말이에요.

 **찹이의 말공부**

비슷한 속담은 '김칫국부터 마신다', '떡방아 소리 듣고 김칫국 찾는다'가 있어.

떡		줄		사	람	은		꿈	도
안		꾸	는	데		김	칫	국	부
터		마	신	다	.				

떡 줄 사람은 꿈도 안 꾸는데 김칫국부터 마신다.

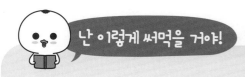

난 이렇게 써먹을 거야!

36

똥 묻은 개가 겨 묻은 개 나무란다

자기는 더 큰 흉이 있으면서 도리어 남의 작은 흉을 본다는 말이에요. '겨'
는 곡식을 찧어 벗겨 낸 껍질을 통틀어 이르는 말이에요.

 **참이의 말공부**

'나무라다'는 상대방의 잘못이나 부족한 점을 꼬집어 말한다는 뜻이야.
나무라다 = 꾸짖다 = 다그치다

똥		묻은		개가		겨
묻은		개		나무란다		.

똥		묻은		개가		겨
묻은		개		나무란다		.

똥 묻은 개가 겨 묻은 개 나무란다.

 난 이렇게 써먹을 거야!

87

37

뛰는 놈 위에 나는 놈 있다

아무리 재주가 뛰어나다 하더라도 그보다 더 뛰어난 사람이 있다는 뜻으로, 스스로 뽐내는 사람을 경계하라는 말이에요.

 **참이의 말공부**

남을 존중하고 자기를 내세우지 않는 태도인 '겸손'이 필요해.

뛰	는		놈		위	에		나	는
놈		있	다	.					

뛰	는		놈		위	에		나	는
놈		있	다	.					

뛰는 놈 위에 나는 놈 있다.

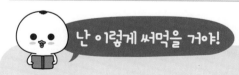

난 이렇게 써먹을 거야!

38

마른하늘에 날벼락

뜻하지 아니한 상황에서 뜻밖에 입는 재난을 말해요. '날벼락'은 느닷없이 치는 벼락이에요.

자, 여기 물 떠….

으악!

꽈당

뜨악!

내 그림!

미, 미안해. 정말 미안해.

다시 그려야겠군.

마른하늘에 날벼락이라더니….

참이의 말공부

'마른하늘'은 맑게 갠 하늘이야.

마	른	하	늘	에		날	벼	락	.
마	른	하	늘	에		날	벼	락	.

마른하늘에 날벼락.

39

말이 씨가 된다

늘 말하던 것이 마침내 사실대로 되었을 때를 말해요.

| 말 | 이 | | 씨 | 가 | | 된 | 다 | . | |

| 말 | 이 | | 씨 | 가 | | 된 | 다 | . | |

말이 씨가 된다.

 난 이렇게 써먹을 거야!

40

말 한마디에 천 냥 빚도 갚는다

말만 잘하면 어려운 일이나 불가능해 보이는 일도 해결할 수 있다는 말이에요.

말		한	마	디	에		천		냥
빗	도		갚	는	다	.			

말		한	마	디	에		천		냥
빗	도		갚	는	다	.			

말 한마디에 천 냥 빛도 갚는다.

 난 이렇게 써먹을 거야!

41

모르면 약이요 아는 게 병

아무것도 모르면 차라리 마음이 편하여 좋으나, 무엇이나 좀 알고 있으면
걱정거리가 많아 도리어 해롭다는 말이에요.

'비밀'은 숨기어 남에게 드러내거나 알리지 말아야 할 일이야.

모	르	면		약	이	요		아	는
게		병	.						

모	르	면		약	이	요		아	는
게		병	.						

모르면 약이요 아는 게 병.

난 이렇게 써먹을 거야!

42

목마른 놈이 우물 판다

제일 급하고 일이 필요한 사람이 그 일을 서둘러 하게 된다는 말이에요.

| 목 | 마 | 른 | | 놈 | 이 | | 우 | 물 | |
| 판 | 다 | . | | | | | | | |

| 목 | 마 | 른 | | 놈 | 이 | | 우 | 물 | |
| 판 | 다 | . | | | | | | | |

| | | | | | | | | | |
| | | | | | | | | | |

목마른 놈이 우물 판다.

난 이렇게 써먹을 거야!

43

못 먹는 감 찔러나 본다

제 것으로 만들지 못할 바에야 남도 갖지 못하게 못쓰게 만들자는 뒤틀린
마음을 말해요.

저런 마음을 '놀부 심보'라고 부르지.

| 못 | | 먹 | 는 | | 감 | | 찔 | 러 | 나 |
| 본 | 다 | . | | | | | | | |

| 못 | | 먹 | 는 | | 감 | | 찔 | 러 | 나 |
| 본 | 다 | . | | | | | | | |

| | | | | | | | | | |
| | | | | | | | | | |

못 먹는 감 찔러나 본다.

 난 이렇게 써먹을 거야!

44 무쇠도 갈면 바늘 된다

꾸준히 노력하면 어떤 어려운 일이라도 이룰 수 있다는 말이에요.

역시 찰흙 만들기는 어려워.

푸하하. 두야가 만든 것 좀 봐. 뭘 만든 건지 모르겠어.

연습하면 나도 잘 만들 수 있을 거야.

뚝딱

조물

조물

일주일 뒤

저는 우주선을 만들었어요.

대박! 진짜 잘 만들었다.

척

무쇠도 갈면 바늘 된다더니. 두야가 이렇게 달라지다니….

참이의 말공부

'노력'은 목적을 이루기 위하여 몸과 마음을 다하여 애를 쓰는 거야.

| 무 | 쇠 | 도 | | 갈 | 면 | | 바 | 늘 | |
| 된 | 다 | . | | | | | | | |

| 무 | 쇠 | 도 | | 갈 | 면 | | 바 | 늘 | |
| 된 | 다 | . | | | | | | | |

| | | | | | | | | | |
| | | | | | | | | | |

무쇠도 갈면 바늘 된다.

 난 이렇게 써먹을 거야!

45

물에 빠진 놈 건져 놓으니까 내 봇짐 내라 한다

남에게 은혜를 입고서도 그 고마움을 모르고 생트집을 잡음을 이르는 말이에요. '봇짐'은 옛날 등에 지기 위하여 물건을 보자기에 싸서 꾸린 짐을 말해요.

물	에		빠	진		놈		건	져
놓	으	니	까		내		봇	짐	
내	라		한	다	.				

물에 빠진 놈 건져 놓으니까 내 봇짐 내라 한다.

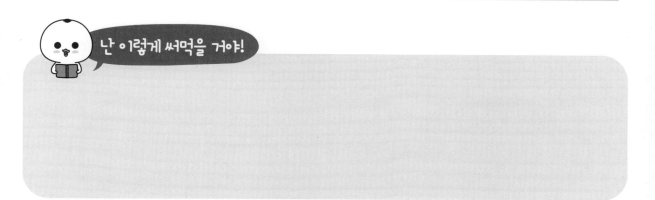

난 이렇게 써먹을 거야!

46

미꾸라지 한 마리가 온 웅덩이를 흐려 놓는다

미꾸라지 한 마리가 흙탕물을 일으켜서 웅덩이의 물을 온통 다 흐리게 한다는 뜻으로, 한 사람의 좋지 않은 행동으로 여러 사람에게 나쁜 영향을 미친다는 말이에요.

찹이의 잠깐 상식

'미꾸라지'는 다른 물고기와 다르게 바닥에 가깝게 붙어 헤엄치기 때문에 흙탕물을 만들게 돼.

미	꾸	라	지		한		마	리	가
온		웅	덩	이	를		흐	려	
놓	는	다	.						

미꾸라지 한 마리가 온 웅덩이를 흐려 놓는다.

109

미운 아이 떡 하나 더 준다

미운 사람일수록 잘해 주고 감정을 쌓지 않아야 한다는 말이에요. '밉다'는 모양, 생김새, 행동거지 따위가 마음에 들지 않거나 눈에 거슬리는 느낌을 말해요.

| 미 | 운 | | 아 | 이 | | 떡 | | 하 | 나 |
| 더 | | 준 | 다 | . | | | | | |

| 미 | 운 | | 아 | 이 | | 떡 | | 하 | 나 |
| 더 | | 준 | 다 | . | | | | | |

| | | | | | | | | | |
| | | | | | | | | | |

미운 아이 떡 하나 더 준다.

 난 이렇게 써먹을 거야!

48

믿는 도끼에 발등 찍힌다

잘되리라고 믿고 있던 일이 어긋나거나 믿고 있던 사람이 배반하여 오히려 해를 입는다는 말이에요.

참이의 말공부

비슷한 속담은 '믿었던 돌에 발부리 채었다'가 있어.

| 믿 | 는 | | 도 | 끼 | 에 | | 발 | 등 | |
| 찍 | 힌 | 다 | . | | | | | | |

| 믿 | 는 | | 도 | 끼 | 에 | | 발 | 등 | |
| 찍 | 힌 | 다 | . | | | | | | |

| | | | | | | | | | |
| | | | | | | | | | |

믿는 도끼에 발등 찍힌다.

 난 이렇게 써먹을 거야!

49

밑 빠진 독에 물 붓기

밑 빠진 독에 아무리 물을 부어도 독이 채워질 수 없다는 뜻으로, 아무리 힘이나 밑천을 들여도 보람 없이 헛된 일이 되는 상태를 말해요.

참이의 말공부

'독'은 간장, 술, 김치 따위를 담가 두는 데에 쓰는 항아리를 말해.

밑		빠	진		독	에		물	
붓	기	.							

밑		빠	진		독	에		물	
붓	기	.							

밑 빠진 독에 물 붓기.

 난 이렇게 써먹을 거야!

50 바늘 가는 데 실 간다

바늘이 가는 데 실이 항상 뒤따른다는 뜻으로, 사람의 긴밀한 관계를 표현한 말이에요.

또 만났네.

벌써 몇 번째야.

그, 그러게. 너흰 종일 붙어 다니네.

히히, 우리 집에서 놀려고.

바늘 가는 데 실 간다고, 너희가 그렇구나.

나는 바늘.

나는 실.

하하하.

맞아.

참이의 잠깐 상식

바늘을 세는 단위는 '쌈'이야. 한 쌈은 바늘 24개를 말해.

| 바 | 늘 | | 가 | 는 | | 데 | | 실 | |
| 간 | 다 | . | | | | | | | |

| 바 | 늘 | | 가 | 는 | | 데 | | 실 | |
| 간 | 다 | . | | | | | | | |

| | | | | | | | | | |
| | | | | | | | | | |

바늘 가는 데 실 간다.

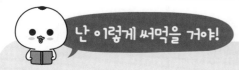
난 이렇게 써먹을 거야!

117

51

바늘 도둑이 소도둑 된다

바늘을 훔치던 사람이 계속 반복하다 보면 결국은 소까지도 훔친다는 뜻으로, 작은 나쁜 짓도 자꾸 하게 되면 큰 죄를 저지르게 된다는 말이에요.

참이의 말공부

'소도둑'은 소를 훔친 도둑이란 뜻과 함께 능글맞고 욕심 많은 사람을 비유하는 말로도 써.

| 바 | 늘 | | | 도 | 둑 | 이 | | 소 | 도 | 둑 |
| 된 | 다 | . | | | | | | | | |

| 바 | 늘 | | | 도 | 둑 | 이 | | 소 | 도 | 둑 |
| 된 | 다 | . | | | | | | | | |

| | | | | | | | | | | |
| | | | | | | | | | | |

바늘 도둑이 소도둑 된다.

 난 이렇게 써먹을 거야!

52

발 없는 말이 천 리 간다

말은 비록 발이 없지만 천 리 밖까지도 순식간에 퍼진다는 뜻으로, 말을 조심해야 한다는 말이에요.

찹이의 말공부

'소문'은 사람들 입에 오르내려 전하여 들리는 말이야.

발		없	는		말	이		천	
리		간	다	.					

발		없	는		말	이		천	
리		간	다	.					

발 없는 말이 천 리 간다.

 난 이렇게 써먹을 거야!

53

방귀 뀐 놈이 성낸다

자기가 방귀를 뀌고 오히려 남보고 성낸다는 뜻으로, 잘못을 저지른 쪽에서 오히려 남에게 성냄을 비꼬는 말이에요.

찹이의 말공부

'방구'의 바른 맞춤법은 '방귀'야.

방	귀		뀐		놈	이		성	낸
다	.								

방	귀		뀐		놈	이		성	낸
다	.								

방귀 뀐 놈이 성낸다.

난 이렇게 써먹을 거야!

123

배보다 배꼽이 더 크다

배보다 거기에 있는 배꼽이 더 크다는 뜻으로, 기본이 되는 것보다 덧붙이는 것이 더 많거나 큰 경우를 말해요.

챙이의 말공부

비슷한 속담은 '발보다 발가락이 더 크다'가 있어.

| 배 | 보 | 다 | | 배 | 꼽 | 이 | | 더 | |
| 크 | 다 | . | | | | | | | |

| 배 | 보 | 다 | | 배 | 꼽 | 이 | | 더 | |
| 크 | 다 | . | | | | | | | |

| | | | | | | | | | |
| | | | | | | | | | |

배보다 배꼽이 더 크다.

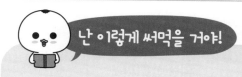
난 이렇게 써먹을 거야!

55

백지장도 맞들면 낫다

쉬운 일이라도 협력하여 하면 훨씬 쉽다는 말이에요. '백지장'은 하얀 종이 한 장 한 장을 말해요.

두야야, 집에서 뭐 해?

너저분

뜨헉!

청소 중인데, 뭐부터 해야 할지 모르겠어.

내가 도와줄게.

고마워, 뽀기야. 백지장도 맞들면 낫다더니, 뽀기 네가 도와줘서 빨리 끝났어.

반짝

반짝

힘든 하루였다.

찹이의 말공부

'낫다'의 의미는
① 보다 더 좋거나 앞서 있다 ② 병이나 상처 따위가 고쳐져 본래대로 되다

| 백 | 지 | 장 | 도 | | 맞 | 들 | 면 | | 낫 |
| 다 | . | | | | | | | | |

| 백 | 지 | 장 | 도 | | 맞 | 들 | 면 | | 낫 |
| 다 | . | | | | | | | | |

| | | | | | | | | | |
| | | | | | | | | | |

백지장도 맞들면 낫다.

 난 이렇게 써먹을 거야!

56 벼 이삭은 익을수록 고개를 숙인다

교양이 있고 수양을 쌓은 사람일수록 겸손하고 남 앞에서 자기를 내세우려 하지 않는다는 말이에요.

🎞 참이의 말공부

'이삭'은 곡식에서 꽃이 피고 꽃대의 끝에 열매가 더부룩하게 열리는 부분이야.

| 벼 | | 이 | 삭 | 은 | | 익 | 을 | 수 | 록 |
| 고 | 개 | 를 | | 숙 | 인 | 다 | . | | |

| 벼 | | 이 | 삭 | 은 | | 익 | 을 | 수 | 록 |
| 고 | 개 | 를 | | 숙 | 인 | 다 | . | | |

| | | | | | | | | | |
| | | | | | | | | | |

벼 이삭은 익을수록 고개를 숙인다.

 난 이렇게 써먹을 거야!

129

57

벼룩도 낯짝이 있다

매우 작은 벼룩조차도 낯짝이 있는데 하물며 사람이 체면이 없어서야 되겠느냐는 말이에요. '낯짝'은 낯(얼굴)을 속되게 부르는 말이야.

| 벼 | 룩 | 도 | | 낯 | 짝 | 이 | | 있 | 다 | . |

| 벼 | 룩 | 도 | | 낯 | 짝 | 이 | | 있 | 다 | . |

벼룩도 낯짝이 있다.

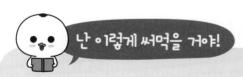 난 이렇게 써먹을 거야!

58 병 주고 약 준다

남을 해치고 나서 약을 주며 그를 구원하는 체한다는 뜻으로, 교활하고 음흉한 행동을 말해요.

| 병 | | 주 | 고 | | 약 | | 준 | 다 | . |

| 병 | | 주 | 고 | | 약 | | 준 | 다 | . |

병 주고 약 준다.

 난 이렇게 써먹을 거야!

59

보고 못 먹는 것은 그림의 떡

아무 실속이 없음을 비유적으로 이르는 말이에요. '그림의 떡'은 아무리
좋고 맛있는 것이라도 먹을 수 없어요.

보	고		못		먹	는		것	은
그	림	의		떡	.				

보	고		못		먹	는		것	은
그	림	의		떡	.				

보고 못 먹는 것은 그림의 떡.

난 이렇게 써먹을 거야!

135

60

빈 수레가 요란하다

실속 없는 사람이 겉으로 더 떠들어 댄다는 말이에요. '수레'는 사람이 타거나 짐을 싣기 위해 바퀴를 달아서 굴러가게 만든 기구예요.

참이의 말공부

비슷한 속담은 '속이 빈 깡통이 소리만 요란하다'가 있어.

| 빈 | | 수 | 레 | 가 | | 요 | 란 | 하 | 다 | . |
| 빈 | | 수 | 레 | 가 | | 요 | 란 | 하 | 다 | . |

빈 수레가 요란하다.

 난 이렇게 써먹을 거야!

61

빛 좋은 개살구

겉보기에는 먹음직스러운 빛깔을 띠고 있지만 맛은 없는 개살구라는 뜻으로, 겉만 그럴듯하고 실속이 없는 경우를 말해요.

🔍 **찹이의 잠깐 상식**

'개살구'는 맛이 시고 떫어 먹지 못해.

| 빛 | | 좋 | 은 | | 개 | 살 | 구 | . | |

| 빛 | | 좋 | 은 | | 개 | 살 | 구 | . | |

빛 좋은 개살구.

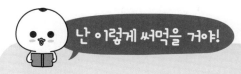 난 이렇게 써먹을 거야!

62

사공이 많으면 배가 산으로 간다

여러 사람이 저마다 제 주장대로 배를 몰려고 하면 결국에는 배가 물로 못 가고 산으로 올라간다는 뜻으로, 여러 사람이 자기주장만 내세우면 일이 제대로 되기 어렵다는 말이에요.

찹이의 말공부

'사공'은 배를 부리는 일을 직업으로 하는 사람을 말해.

사	공	이		많	으	면		배	가
산	으	로		간	다	.			

사	공	이		많	으	면		배	가
산	으	로		간	다	.			

사공이 많으면 배가 산으로 간다.

 난 이렇게 써먹을 거야!

63

서당 개 삼 년에 풍월을 읊는다

어떤 분야에 대하여 지식과 경험이 전혀 없는 사람이라도 그 부문에 오래 있으면 얼마간의 지식과 경험을 갖게 된다는 말이에요.

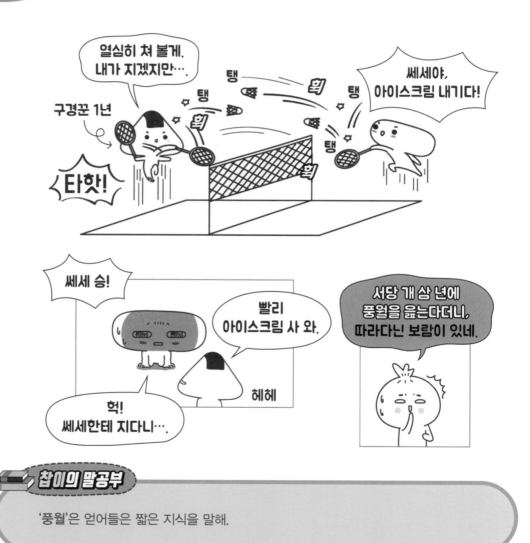

서	당		개		삼		년	에	
풍	월	을		읊	는	다	.		
서	당		개		삼		년	에	
풍	월	을		읊	는	다	.		

서당 개 삼 년에 풍월을 읊는다.

 난 이렇게 써먹을 거야!

145

64

세 살 적 버릇이 여든까지 간다

어릴 때 몸에 밴 버릇은 늙어 죽을 때까지 고치기 힘들다는 뜻으로, 어릴 때부터 나쁜 버릇이 들지 않도록 해야 한다는 말이에요.

| 세 | | 살 | | 적 | | 버 | 릇 | 이 | |
| 여 | 든 | 까 | 지 | | 간 | 다 | . | | |

| 세 | | 살 | | 적 | | 버 | 릇 | 이 | |
| 여 | 든 | 까 | 지 | | 간 | 다 | . | | |

| | | | | | | | | | |
| | | | | | | | | | |

세 살 적 버릇이 여든까지 간다.

난 이렇게 써먹을 거야!

65

소 잃고 외양간 고친다

소를 도둑맞은 다음에서야 빈 외양간의 허물어진 데를 고치느라 수선을 떤다는 뜻으로, 일이 이미 잘못된 뒤에는 아무리 손을 써도 소용이 없다는 말이에요.

참이의 말공부

'외양간'은 말이나 소를 기르는 곳이야.

소		잃	고		외	양	간		고
친	다	.							

소		잃	고		외	양	간		고
친	다	.							

소 잃고 외양간 고친다.

난 이렇게 써먹을 거야!

66

쇠귀에 경 읽기

소의 귀에 대고 경을 읽어 봐야 단 한 마디도 알아듣지 못한다는 뜻으로, 아무리 가르치고 일러 주어도 알아듣지 못하거나 효과가 없는 경우를 말해요.

밤이의 말공부

실을 꿰기 위하여 바늘의 위쪽에 뚫은 구멍을 '바늘귀'라고 해.

| 쇠 | 귀 | 에 | | 경 | | 읽 | 기 | . | |

| 쇠 | 귀 | 에 | | 경 | | 읽 | 기 | . | |

쇠귀에 경 읽기.

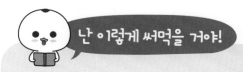

난 이렇게 써먹을 거야!

67

쇠뿔도 단김에 빼랬다

소의 뿔을 뽑으려면 불로 달구어 놓은 김에 해치워야 한다는 뜻으로, 어떤 일이든지 하려고 생각했으면 한창 열이 올랐을 때 망설이지 말고 행동하라는 말이에요.

| 쇠 | 뿔 | 도 | | 단 | 김 | 에 | | 빼 | 랬 |
| 다 | . | | | | | | | | |

| 쇠 | 뿔 | 도 | | 단 | 김 | 에 | | 빼 | 랬 |
| 다 | . | | | | | | | | |

| | | | | | | | | | |
| | | | | | | | | | |

쇠뿔도 단김에 빼랬다.

 난 이렇게 써먹을 거야!

68 수박 겉 핥기

맛있는 수박을 먹는다는 것이 딱딱한 겉만 핥고 있다는 뜻으로, 사물의 속 내용은 모르고 겉만 건드린다는 말이에요.

수	박		겉		핥	기	.			
수	박		겉		핥	기	.			

수박 겉 핥기.

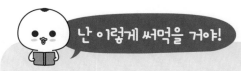

난 이렇게 써먹을 거야!

69

숭어가 뛰니까 망둥이도 뛴다

남이 한다고 하니까 분별없이 덩달아 나서는 것을 말해요. 여기서 '분별'은 서로 다른 일이나 사물을 구별하여 가른다는 말이에요.

| 숭 | 어 | 가 | | 뛰 | 니 | 까 | | 망 | 둥 |
| 이 | 도 | | 뛴 | 다 | . | | | | |

| 숭 | 어 | 가 | | 뛰 | 니 | 까 | | 망 | 둥 |
| 이 | 도 | | 뛴 | 다 | . | | | | |

| | | | | | | | | | |
| | | | | | | | | | |

숭어가 뛰니까 망둥이도 뛴다.

 난 이렇게 써먹을 거야!

70

식은 죽도 불어 가며 먹어라

아무리 쉬운 일이라도 한 번 더 확인한 다음에 하는 것이 안전하다는 말이에요.

찹이의 말공부

죽이 들어가는 속담엔 '죽 쑤어 개 준다'가 있어.
애써 한 일을 남에게 빼앗기거나, 엉뚱한 사람에게 이롭게 되었을 때 사용해.

식	은		죽	도		불	어		가
며			먹	어	라	.			

식	은		죽	도		불	어		가
며			먹	어	라	.			

식은 죽도 불어 가며 먹어라 .

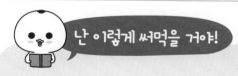 난 이렇게 써먹을 거야!

159

71

신선놀음에 도낏자루 썩는 줄 모른다

나무꾼이 신선들이 바둑 두는 것을 보다가 정신을 차려보니 세월이 흘러 도낏자루가 다 썩었어. 이처럼 아주 재미있는 일에 정신이 팔려서 시간 가는 줄 모른다는 말이야.

찹이의 말공부

'놀음'은 놀이를 말하고, '노름'은 돈을 걸고 하는 내기야.

| 신 | 선 | 놀 | 음 | 에 | | 도 | 낏 | 자 | 루 |
| 썩 | 는 | | 줄 | | 모 | 른 | 다 | . | |

| 신 | 선 | 놀 | 음 | 에 | | 도 | 낏 | 자 | 루 |
| 썩 | 는 | | 줄 | | 모 | 른 | 다 | . | |

신선놀음에 도낏자루 썩는 줄 모른다.

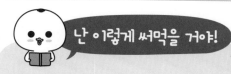 난 이렇게 써먹을 거야!

72

아니 땐 굴뚝에 연기 날까

원인이 없으면 결과가 있을 수 없다는 뜻과 실제 어떤 일이 있기 때문에 말이 난다는 뜻으로 사용해요.

참이의 말공부

이것을 '인과관계'라 해.
어떤 행동이 그 후에 발생한 사실과 원인, 결과의 관계가 되는 거야.

| 아 | 니 | | 땐 | | 굴 | 뚝 | 에 | | 연 |
| 기 | | 날 | 까 | . | | | | | |

| 아 | 니 | | 땐 | | 굴 | 뚝 | 에 | | 연 |
| 기 | | 날 | 까 | . | | | | | |

아니 땐 굴뚝에 연기 날까.

 난 이렇게 써먹을 거야!

163

73

아닌 밤중에 홍두깨

별안간 엉뚱한 말이나 행동을 한다는 말이에요. '홍두깨'는 다듬이질할 때 쓰던 나무로 만든 도구예요.

찹이의 말공부

'밤중'은 밤이 깊은 때를 뜻하기도 하고, 어떤 일이나 사실에 대하여 전혀 모른다는 뜻으로도 써.

| 아 | 닌 | | 밤 | 중 | 에 | | 홍 | 두 | 깨 | . |

| 아 | 닌 | | 밤 | 중 | 에 | | 홍 | 두 | 깨 | . |

아닌 밤중에 홍두깨.

 난 이렇게 써먹을 거야!

74

어물전 망신은 꼴뚜기가 시킨다

지지리 못난 사람일수록 같이 있는 동료를 망신시킨다는 말이에요.

| 어 | 물 | 전 | | 망 | 신 | 은 | | 꼴 | 뚜 |
| 기 | 가 | | 시 | 킨 | 다 | . | | | |

| 어 | 물 | 전 | | 망 | 신 | 은 | | 꼴 | 뚜 |
| 기 | 가 | | 시 | 킨 | 다 | . | | | |

어물전 망신은 꼴뚜기가 시킨다.

난 이렇게 써먹을 거야!

75

언 발에 오줌 누기

언 발을 녹이려고 오줌을 누어 봤자 효력이 별로 없다는 뜻으로, 임시변통은 될지 모르나 결국에는 사태가 더 나빠진다는 말이에요.

찹이의 말공부

오줌, 똥을 점잖게 부르는 말이 소변, 대변이야.

언 발에 오줌 누기.

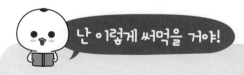

76

열 번 찍어 아니 넘어가는 나무 없다

아무리 뜻이 굳은 사람이라도 여러 번 권하거나 꾀고 달래면 결국은 마음이 변한다는 말이에요.

찹이의 말공부

'도전'은 어려운 사업이나 기록 경신 따위에 맞선다는 뜻이야.

열		번		찍	어		아	니	
넘	어	가	는		나	무		없	다 .

열		번		찍	어		아	니	
넘	어	가	는		나	무		없	다 .

열 번 찍어 아니 넘어가는 나무 없다.

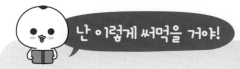 난 이렇게 써먹을 거야!

77

오르지 못할 나무는 쳐다보지도 마라

자기의 능력 밖의 불가능한 일에 대해서는 처음부터 욕심을 내지 않는 것이 좋다는 말이에요.

참이의 말공부

'수긍'은 옳다고 인정한다는 뜻이야.

| 오 | 르 | 지 | | 못 | 할 | | 나 | 무 | 는 |
| 쳐 | 다 | 보 | 지 | 도 | | 마 | 라 | . | |

| 오 | 르 | 지 | | 못 | 할 | | 나 | 무 | 는 |
| 쳐 | 다 | 보 | 지 | 도 | | 마 | 라 | . | |

| | | | | | | | | | |
| | | | | | | | | | |

오르지 못할 나무는 쳐다보지도 마라.

 난 이렇게 써먹을 거야!

78

우물 안 개구리

넓은 세상의 형편을 알지 못하는 사람이나 견식이 좁아 저만 잘난 줄로 아는 사람을 비꼬는 말이에요.

| 우 | 물 | | 안 | | 개 | 구 | 리 | . | |
| 우 | 물 | | 안 | | 개 | 구 | 리 | . | |

우물 안 개구리.

79

우물을 파도 한 우물을 파라

일을 너무 벌여 놓거나 하던 일을 자주 바꾸어 하면 아무런 성과가 없으니 어떠한 일이든 한 가지 일을 끝까지 하여야 성공할 수 있다는 말이에요.

176

우	물	을		파	도		한		우
물	을		파	라	.				

우	물	을		파	도		한		우
물	을		파	라	.				

우물을 파도 한 우물을 파라.

 난 이렇게 써먹을 거야!

80

원수는 외나무다리에서 만난다

꺼리고 싫어하는 대상을 피할 수 없는 곳에서 공교롭게 만나게 된다는 말이에요. '외나무다리'는 통나무 하나로 놓은 다리예요.

참이의 말공부

'원수'는 원한이 맺힐 정도로 자기에게 해를 끼친 사람이나 집단을 말해.

| 원 | 수 | 는 | | 외 | 나 | 무 | 다 | 리 | 에 |
| 서 | | 만 | 난 | 다 | . | | | | |

| 원 | 수 | 는 | | 외 | 나 | 무 | 다 | 리 | 에 |
| 서 | | 만 | 난 | 다 | . | | | | |

| | | | | | | | | | |
| | | | | | | | | | |

원수는 외나무다리에서 만난다.

 난 이렇게 써먹을 거야!

179

81

원숭이도 나무에서 떨어진다

아무리 익숙하고 잘하는 사람이라도 간혹 실수할 때가 있다는 말이에요.

참이의 말공부

비슷한 속담은 '닭도 홰에서 떨어지는 날이 있다'가 있어.

| 원 | 숭 | 이 | 도 | | 나 | 무 | 에 | 서 | |
| 떨 | 어 | 진 | 다 | . | | | | | |

| 원 | 숭 | 이 | 도 | | 나 | 무 | 에 | 서 | |
| 떨 | 어 | 진 | 다 | . | | | | | |

| | | | | | | | | | |
| | | | | | | | | | |

원숭이도 나무에서 떨어진다.

난 이렇게 써먹을 거야!

82

윗물이 맑아야 아랫물이 맑다

윗사람이 잘하면 아랫사람도 따라서 잘하게 된다는 말이에요.

| 윗 | 물 | 이 | | 맑 | 아 | 야 | | 아 | 랫 |
| 물 | 이 | | 맑 | 다 | . | | | | |

| 윗 | 물 | 이 | | 맑 | 아 | 야 | | 아 | 랫 |
| 물 | 이 | | 맑 | 다 | . | | | | |

| | | | | | | | | | |
| | | | | | | | | | |

윗물이 맑아야 아랫물이 맑다.

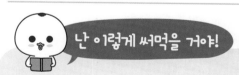 난 이렇게 써먹을 거야!

83

입에 쓴 약이 병을 고친다

자기에 대한 충고나 비판이 당장은 듣기 싫지만, 그것을 달게 받아들이면
자기 수양에 이롭다는 말이에요.

입	에		쓴		약	이		병	을
고	친	다	.						

입	에		쓴		약	이		병	을
고	친	다	.						

입에 쓴 약이 병을 고친다.

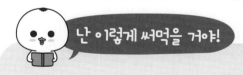

난 이렇게 써먹을 거야!

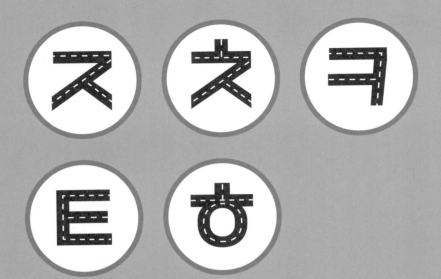

84

자라 보고 놀란 가슴 솥뚜껑 보고 놀란다

어떤 사물에 몹시 놀란 사람은 비슷한 사물만 보아도 지레 겁을 낸다는 말이에요.

참이의 잠깐 상식

자라와 거북의 차이점은 거북은 등껍질에 무늬가 있다는 거야.

자	라		보	고		놀	란		가
습		솥	뚜	껑		보	고		놀
란	다	.							

자라 보고 놀란 가슴 솥뚜껑 보고 놀란다.

 난 이렇게 써먹을 거야!

189

85

작은 고추가 더 맵다

몸집이 작은 사람이 큰 사람보다 재주가 뛰어나고 야무지다는 말이에요.

챁이의 말공부

비슷한 속담은 '고추는 작아도 맵다'가 있어.

작	은		고	추	가		더		맵
다	.								

작	은		고	추	가		더		맵
다	.								

작은 고추가 더 맵다.

 난 이렇게 써먹을 거야!

86

재주는 곰이 넘고 돈은 주인이 받는다

수고하여 일한 사람은 따로 있고, 그 일에 대한 보수는 다른 사람이 받는다는 말이에요. '재주'는 무엇을 잘할 수 있는 타고난 능력을 말해요.

재	주	는		곰	이		넘	고	
돈	은		주	인	이		받	는	다 .

재	주	는		곰	이		넘	고	
돈	은		주	인	이		받	는	다 .

재주는 곰이 넘고 돈은 주인이 받는다.

 난 이렇게 써먹을 거야!

87

쥐구멍에도 볕 들 날 있다

몹시 고생을 하는 삶도 좋은 운수가 터질 날이 있다는 말이에요.

| 쥐 | 구 | 멍 | 에 | 도 | | 볕 | | 들 | |
| 날 | | 있 | 다 | . | | | | | |

| 쥐 | 구 | 멍 | 에 | 도 | | 볕 | | 들 | |
| 날 | | 있 | 다 | . | | | | | |

| | | | | | | | | | |
| | | | | | | | | | |

쥐구멍에도 볕 들 날 있다.

 난 이렇게 써먹을 거야!

88

지렁이도 밟으면 꿈틀한다

아무리 눌려 지내는 미천한 사람이나 순하고 좋은 사람이라도 너무 업신여기면 가만있지 아니한다는 말이에요.

📖 **찹이의 말공부**

'업신여기다'는 교만한 마음에서 남을 낮추어 보거나 하찮게 여긴다는 말이야.

| 지 | 렁 | 이 | 도 | | 밟 | 으 | 면 | | 꿈 |
| 틀 | 한 | 다 | . | | | | | | |

| 지 | 렁 | 이 | 도 | | 밟 | 으 | 면 | | 꿈 |
| 틀 | 한 | 다 | . | | | | | | |

| | | | | | | | | | |
| | | | | | | | | | |

지렁이도 밟으면 꿈틀한다.

난 이렇게 써먹을 거야!

89

짚신도 제짝이 있다

보잘것없는 사람도 제짝이 있다는 말이에요. '제짝'은 한 쌍이나 벌을 이루는 그 짝을 말해요.

| 짚 | 신 | 도 | | 제 | 짝 | 이 | | 있 | 다 |.
| 짚 | 신 | 도 | | 제 | 짝 | 이 | | 있 | 다 |.

짚신도 제짝이 있다.

90

참새가 방앗간을 그저 지나랴

욕심 많은 사람이 이것을 보고 가만있지 못한다는 뜻과 자기가 좋아하는
곳은 그대로 지나치지 못한다는 뜻이 있어요.

여기서 '그저'는 '그냥'과 같은 뜻이야.

| 참 | 새 | 가 | | 방 | 앗 | 간 | 을 | | 그 |
| 저 | | 지 | 나 | 랴 | . | | | | |

| 참 | 새 | 가 | | 방 | 앗 | 간 | 을 | | 그 |
| 저 | | 지 | 나 | 랴 | . | | | | |

| | | | | | | | | | |
| | | | | | | | | | |

참새가 방앗간을 그저 지나랴.

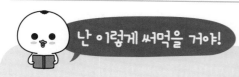

난 이렇게 써먹을 거야!

91

천 리 길도 한 걸음부터

무슨 일이나 그 일의 시작이 중요하다는 말이에요.

🔍 **찹이의 잠깐 상식**

1리는 약 393m로 '천 리'는 서울에서 부산까지로 아주 먼 거리야.

천 리 길도 한 걸음부터.

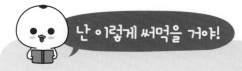
난 이렇게 써먹을 거야!

92

콩 심은 데 콩 나고 팥 심은 데 팥 난다

모든 일은 근본에 따라 거기에 걸맞은 결과가 나타난다는 말이에요.

찹이의 말공부

비슷한 속담은 '배나무에 배 열리지 감 안 열린다'가 있어.

콩		심	은		데		콩		나
고		팥		심	은		데		팥
난	다	.							

콩 심은 데 콩 나고 팥 심은 데 팥 난다.

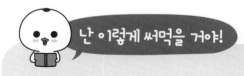
난 이렇게 써먹을 거야!

93

콩으로 메주를 쑨다 하여도 곧이듣지 않는다

아무리 사실대로 말하여도 믿지 않는다는 말이에요.

찹이의 말공부

'믿음'은 어떤 사실이나 사람을 믿는 마음을 말해.

콩	으	로		메	주	를		쑨	다
하	여	도		곧	이	듣	지		않
는	다	.							

콩으로 메주를 쑨다 하여도 곧이듣지 않는다.

 난 이렇게 써먹을 거야!

94

티끌 모아 태산

아무리 작은 것이라도 모이고 또 모이면 나중에 큰 덩어리가 된다는 말이에요.

찹이의 말공부

비슷한 속담은 '모래알도 모으면 산이 된다'가 있어.

티	끌		모	아		태	산	.	
티	끌		모	아		태	산	.	

티끌 모아 태산.

95

하늘이 무너져도 솟아날 구멍이 있다

아무리 어려운 경우에 처하더라도 살아 나갈 방도가 생긴다는 말이에요.

찹이의 말공부

비슷한 속담은 '사람이 죽으란 법은 없다'가 있어.

하	늘	이		무	너	져	도		솟
아	날		구	멍	이		있	다	.

하늘이 무너져도 솟아날 구멍이 있다.

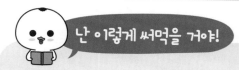

난 이렇게 써먹을 거야!

211

96

하룻강아지 범 무서운 줄 모른다

철없이 함부로 덤비는 경우를 말해요. '하룻강아지'는 난 지 얼마 안 되는 어린 강아지예요.

찹이의 말공부

비슷한 속담은 '범 모르는 하룻강아지'가 있어.

| 하 | 룻 | 강 | 아 | 지 | | 범 | | 무 | 서 |
| 운 | | 줄 | | 모 | 른 | 다 | . | | |

| 하 | 룻 | 강 | 아 | 지 | | 범 | | 무 | 서 |
| 운 | | 줄 | | 모 | 른 | 다 | . | | |

하룻강아지 범 무서운 줄 모른다.

난 이렇게 써먹을 거야!

213

97

호랑이도 제 말 하면 온다

다른 사람에 관한 이야기를 하는데 공교롭게 그 사람이 나타나는 경우를
말해요.

| 호 | 랑 | 이 | 도 | | 제 | | 말 | | 하 |
| 면 | | 온 | 다 | . | | | | | |

| 호 | 랑 | 이 | 도 | | 제 | | 말 | | 하 |
| 면 | | 온 | 다 | . | | | | | |

호랑이도 제 말 하면 온다.

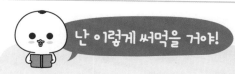
난 이렇게 써먹을 거야!

215

98

호미로 막을 것을 가래로 막는다

커지기 전에 처리하였으면 쉽게 해결되었을 일을 방치하여 두었다가 나중에 큰 힘을 들이게 된 경우를 말해요.

📚 **찹이의 말공부**

농기구인 '호미'가 삽이라면, '가래'는 포클레인이라고 보면 돼.

| 호 | 미 | 로 | | 막 | 을 | | 것 | 을 | |
| 가 | 래 | 로 | | 막 | 는 | 다 | . | | |

| 호 | 미 | 로 | | 막 | 을 | | 것 | 을 | |
| 가 | 래 | 로 | | 막 | 는 | 다 | . | | |

| | | | | | | | | | |
| | | | | | | | | | |

호미로 막을 것을 가래로 막는다.

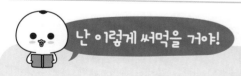
난 이렇게 써먹을 거야!

99

호박이 넝쿨째로 굴러떨어졌다

뜻밖에 좋은 물건을 얻거나 행운을 만났다는 말이에요.

| 호 | 박 | 이 | | 넝 | 쿨 | 째 | 로 | | 굴 |
| 러 | 떨 | 어 | 졌 | 다 | . | | | | |

| 호 | 박 | 이 | | 넝 | 쿨 | 째 | 로 | | 굴 |
| 러 | 떨 | 어 | 졌 | 다 | . | | | | |

| | | | | | | | | | |
| | | | | | | | | | |

호박이 넝쿨째로 굴러떨어졌다.

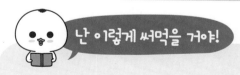
난 이렇게 써먹을 거야!

100

황소 뒷걸음치다 쥐 잡는다

어쩌다 우연히 이루거나 알아맞힌다는 말이에요.

📚 **찹이의 말공부**

비슷한 속담은 '황소 뒷걸음에 잡힌 개구리'가 있어.

| 황 | 소 | | 뒷 | 걸 | 음 | 치 | 다 | | 쥐 |
| 잡 | 는 | 다 | . | | | | | | |

| 황 | 소 | | 뒷 | 걸 | 음 | 치 | 다 | | 쥐 |
| 잡 | 는 | 다 | . | | | | | | |

| | | | | | | | | | |
| | | | | | | | | | |

황소 뒷걸음치다 쥐 잡는다.

난 이렇게 써먹을 거야!

읽으면서 바로 써먹는 어린이속담 따라쓰기

초판 3쇄 2023년 9월 27일
초판 1쇄 2023년 3월 24일

글·그림 한날

펴낸이 정태선
펴낸곳 파란정원
출판등록 제395-2010-000070호
주소 서울특별시 은평구 가좌로 175, 5층
전화 02-6925-1628 | 팩스 02-723-1629
제조국 대한민국 | 사용연령 8세 이상 어린이
홈페이지 www.bluegarden.kr | 전자우편 eatingbooks@naver.com
종이 다올페이퍼 | 인쇄 조일문화인쇄사

글·그림ⓒ2023 한날
ISBN 979-11-5868-256-9 74700
ISBN 979-11-5868-255-2 74700(세트)
*이 책에 사용된 속담과 낱말의 뜻은 국립국어원 표준국어대사전을 기초로 하였습니다.